JN449884

# 생각나무 사랑열매

1학기

J-Friends

# 1과 아름다운 세상

하나님이 만드신 것들을 실에 매달아 알록달록 우산에 매달아 보세요.
빨대를 꽂아 우산을 빙글빙글 돌리며 "하나님 멋진 세상을 만들어 주셔서 감사드려요." 하고 말해요. (빨대 끝을 조금 오려서 벌린 후에 접착용 테이프로 우산에 고정해 주세요.)

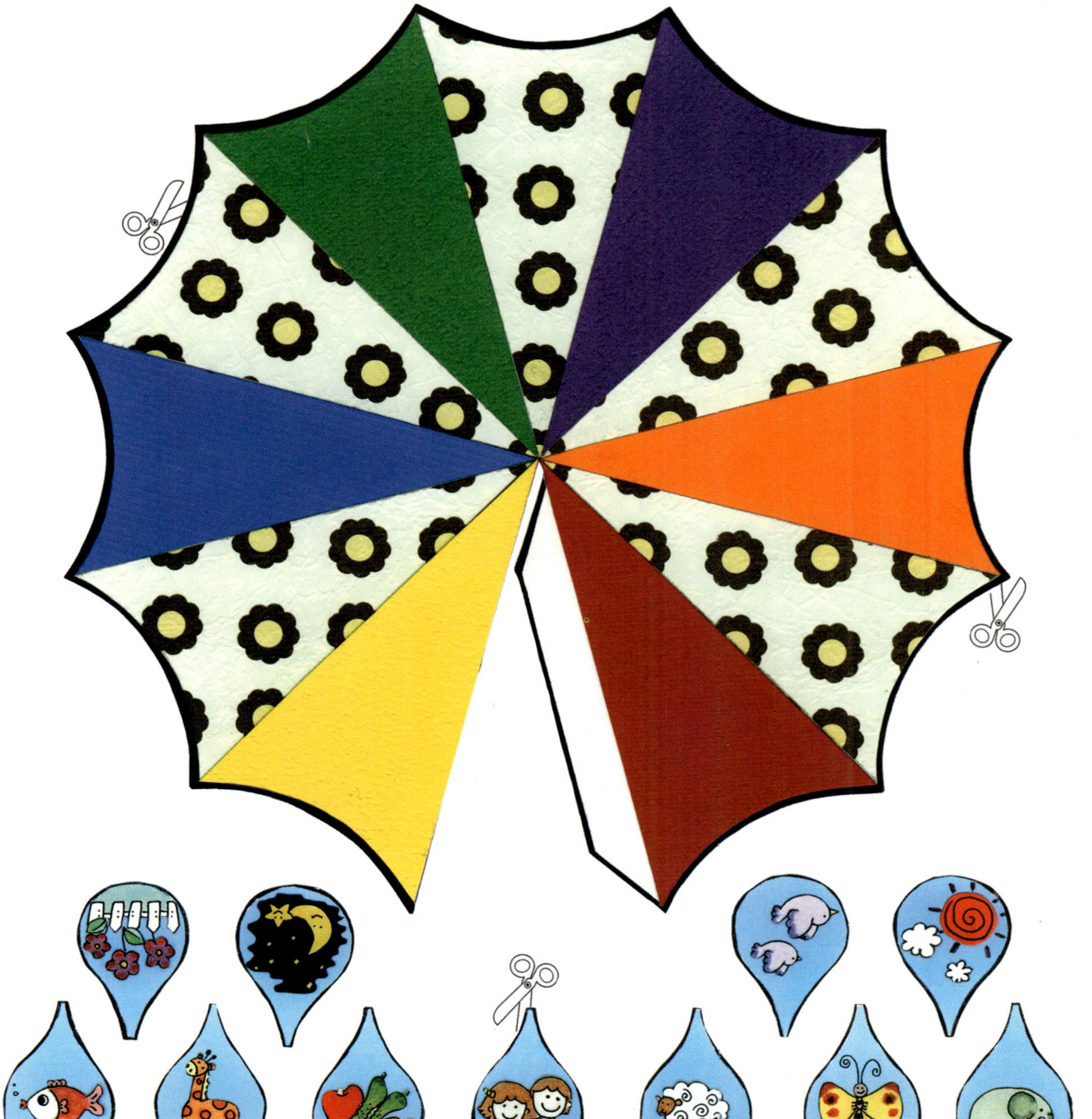

# 2과 첫 번째 사람이에요

하나님이 만드신 사람을 선대로 오려 보세요.
풀칠을 한 후 몸에 팔을 붙여요. 팔과 다리를 접는 선에 따라 접은 후 접었다 폈다 하며 움직여 보세요.
(안쪽 접기 바깥쪽 접기)

# 3과 잘못했어요

소망이 이야기를 생각하며 그림의 순서대로 동그라미에 숫자를 적어 주세요.
말 주머니에는 무슨 말이 들어가야 할지 함께 이야기한 후 적어보세요.

# 4과

## 약속해 주셨어요

아래에 있는 그림의 내용을 보고 지킬 수 있는 약속에 무지개 스티커를 붙인 후 그 수만큼 뒷장에 있는 조각을 오려서 배 위에 잘 맞춰 붙입니다.

(스티커는 57,59쪽에 있어요.)

# 5과

## 아브라함아

하나 둘, 하나 둘, 아브라함은 하나님의 말씀대로 이사를 갔어요.
내가 아브라함이라면 이삿짐 속에 무엇을 넣을까?
상상해서 그려보세요. 그리고 그 이유도 설명해 보세요.

# 6과 하나님이 준비하셨어요

아브라함과 이삭이 하나님께 제사를 드리러 산에 갔어요.
하나님이 이삭 대신 준비해 놓으신 것을 그림에서 찾아 동그라미 하세요.
그리고 순종하는 이삭을 색칠해 주세요.

# 7과

## 양보했어요

6개의 우물과 기도하는 이삭을 오려보세요.
어떤 우물이 물이 콸콸 나오는 이삭의 우물일까요?
물이 나오는 우물을 찾아서 하나님께 감사하는 이삭을 올려놓으세요.

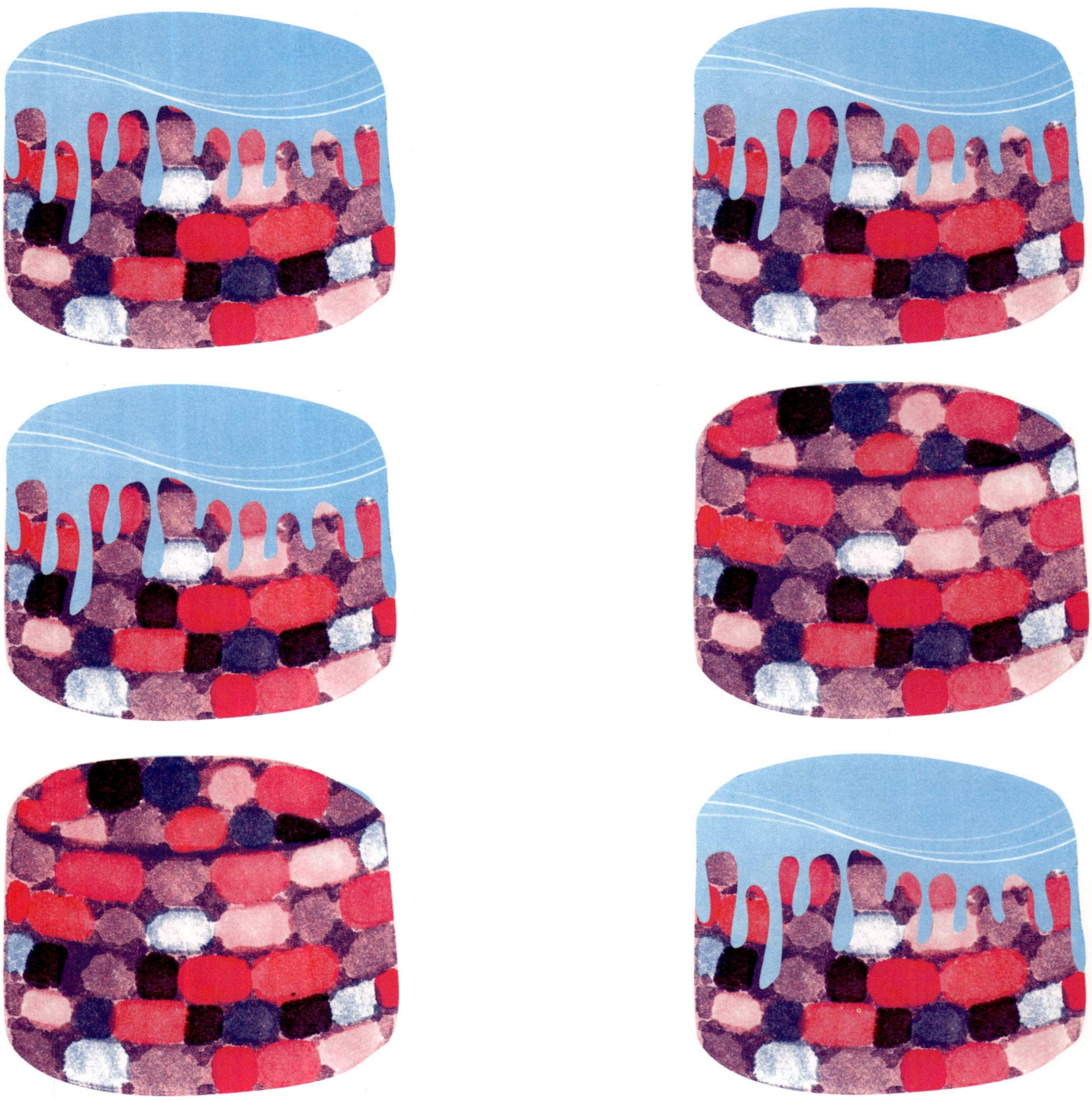

# 8과 보글 보글 팥죽 한그릇

야곱과 에서가 어떤 생각을 하고 있는지 생각 주머니에 맞는 스티커를 붙여주세요.

(스티커는 57, 59쪽에 있어요.)

# 9과

## 꼭 붙들어요

야곱의 얼굴을 오린 후 앞뒤로 붙이고 빨대를 붙여 손잡이로 사용합니다.
하나님을 만난 우리의 얼굴이 어떤 모습이어야 할까요?
야곱의 얼굴을 보며 이야기해 보세요.

# 10과 하나님이 주신 꿈을 꾸어요

하나님은 우리에게 꿈을 주세요.
꿈을 이루기 위해 무엇일 필요할까요? 서로 어울리는 그림을 줄로 이어주세요.

# 11과 힘들어요, 하나님

하나님이 모세를 어떻게 살려 주셨을까요?
모세를 오린 후 강물을 따라 공주의 품에 안길 수 있도록 움직여 주세요.

# 12과

## 모 세 야, 모 세 야

예배당에서 어떻게 해야 할까요?
하나님이 칭찬하시는 친구를 찾아서 칭찬 스티커를 붙여 주세요.

(스티커는 57, 59쪽에 있어요.)

# 13과 가장 귀한 것을 드려요

선대로 오려서 보물상자를 만들어 보세요.
예수님께 드릴 나의 보물을 글이나 그림으로 그려서 보물상자에 넣어 보세요.

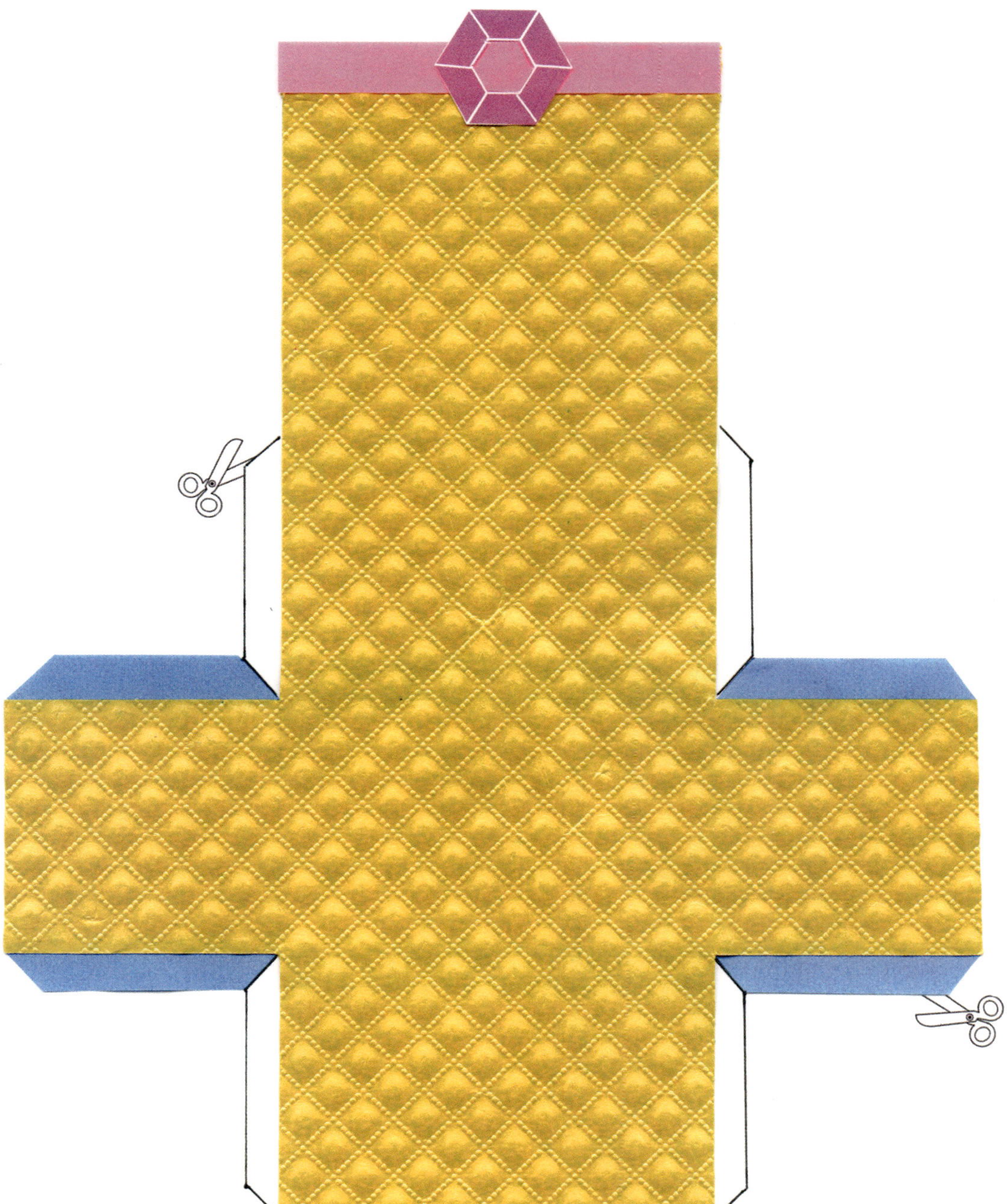

# 14과

## 예수님을 높여요

어린 나귀를 탄 예수님을 오려서 선 따라 천천히 움직여 보세요.
빈자리에 예수님을 반갑게 맞이하는 내 모습도 그려 넣어 보세요.

# 15과 기도하는 집이에요

선대로 오리고 접어서 무릎 꿇고 기도하는 친구를 만들어 보세요.
예배당에 오면 제일 먼저 기도해요.

# 16과 예수님과 함께한 마지막 식사

그림을 오려서 종이컵에 붙인 후 예쁜 잔을 만들어 보세요.
예수님과 마지막 식사를 한다면 나의 마음이 어떨지 생각하고 이야기해 보세요.

(잔의 받침에 골판지 둘둘 말아서 양면접착 테이프로 붙여 주세요.)

# 17과 기도하셨어요

기도하는 예수님을 생각하며 색칠한 후 액자에 예쁜 끈을 달아 주세요.
예수님처럼 우리도 기도드려요.

# 18과 십자가, 십자가

아래에 있는 예수님을 십자가에 붙인후 실을 연결하여 목걸이를 만들어요.
십자가 목걸이를 목에 걸고 예수님의 사랑을 생각하며 한 주를 보내세요.

# 19과 예수님이 다시 사셨어요

선대로 오린 후 접어서 부활카드를 만들어요.
예수님이 다시 사신 기쁜 소식을 친구에게 전해요.

# 20과 출발, 하나님의 땅으로!

애굽인의 마을과 이스라엘 사람들이 사는 마을이에요.
하나님이 내리신 10가지 재앙을 붙여 주세요. 어느 곳에 붙여야 할지 생각해 보세요.

(스티커는 57, 59쪽에 있어요.)

〈애굽사람들의 마을〉

〈이스라엘사람들의 마을〉

# 21과

## 구름 기둥, 불 기둥을 따라서 하나, 둘

하나님이 준비해 주신 구름기둥과 불기둥을 오린 후 빨대를 붙이세요.
이스라엘 사람들을 오려서 앞뒤로 붙인 후 구름기둥 불기둥을 따라 움직이는 놀이를 해요.

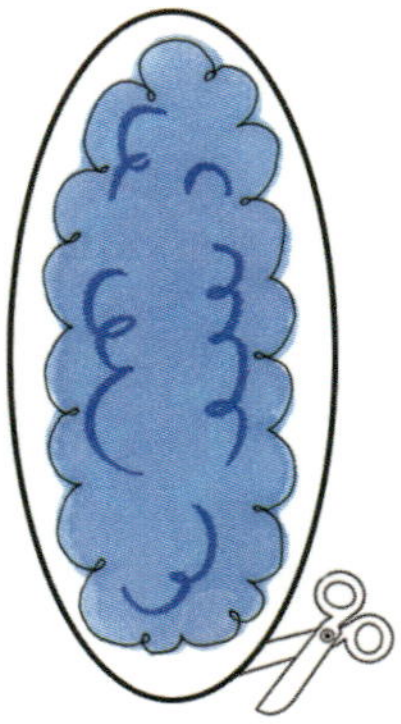
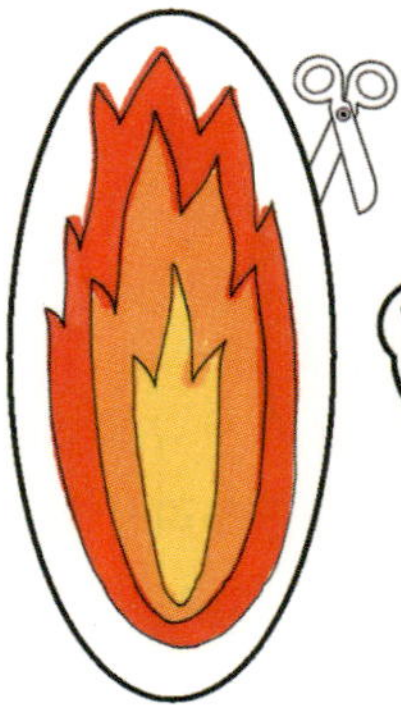

# 22과 와! 갈라진 바다로

깜깜할 때 필요한 것과 심심할 때 필요한 것을 찾아 붙여주세요.
홍해 앞에서 떨고 있는 이스라엘 사람들에게 무엇이 필요할까요?
스티커를 붙인 후 점선을 따라 접어보세요. 어떤 일이 생겼나요?

# 23과

## 이게 뭐죠?

접시 스티커를 식탁 위에 붙이세요.
오늘 먹은 음식을 생각하면서 색깔이 있는 점토로 음식을 만든 후 식탁 위의 그릇 위에 올려 놓아요. 맛있는 음식을 먹여주신 하나님께 감사드려요.

# 24과 꼭꼭 약속해요

하나님과의 약속 십계명을 선 따라 오린 후에 고리로 연결하여 갖고 다니면서 하나님과의 약속을 기억해요.

– 하나 –

나 외에 다른
신을 섬기지
말아라

– 둘 –

우상을 만들어
절하지
말아라

– 셋 –

여호와의 이름을
망령되이 일컫지
말라

– 넷 –

안식일을
기억하여 거룩히
지켜라

– 다섯 –

네 부모를
기억하라

– 여섯 –

살인하지말아라

– 일곱 –

간음하지
말아라

– 여덟 –

도적질 하지
말아라

– 아홉 –

네 이웃에 대하여
거짓증거하지
말아라

– 열 –

네 이웃의 집을
탐내지 말라

## 25과

### 잊지 마세요

요단강을 건넌 이스라엘 사람들은 하나님께 감사했어요.
무엇을 감사 했을 까요?
12개의 기념 돌에 감사 스티커를 붙여 주세요.

(스티커는 57, 59쪽에 있어요.)

# 26과 와! 와르르, 무너졌어요

하나님이 여리고 성을 무너뜨리기 위해 사용 하신 것을 찾아 높은 여리고 성에 붙여 보세요.

(스티커는 57, 59쪽에 있어요.)